I0108606

Canto de Plenitud

Josefina Báez

Traducción del inglés Marcela Reales Visbal
con josefina Báez

Canto de Plenitud   Josefina Báez

ISBN- 13   978-1-882161-25-6

Titulo original Comrade, Bliss ain't playing (2008)
Traduccion de Marcela Reales Visbal con Josefina Báez
Foto: Jorge Lara
Diseño de portada: Mabel Manzano Casasnovas

Todos los derechos reservados   2013

Canto de Plenitud: texto poetico para teatro performance;
hiper-subjetivo; diario intimo de una artista
Dominicanyork;   sueño y
ensueño del   cotidiano

Ay Ombe Theatre/I Om Be Press
P.O. Box 1387 Madison Square Station NY, NY 10159

Canto de Plenitud

Dedicado a mi amado maestro espiritual,
Swami Guru Devanand Saraswati Ji Maharaj,
a mi famlía, al teatro Ay Ombe, a Los Constantes,
a mis amigos
y a tí.

Gramaticalmente incorrecto.
Palabra sagrada   rezo secular.
Colmado de clichés.
Propaganda.
Sintaxis danzante.

Letanía para mi presente.
Soliloquio antes de morir.
Simple. Simplista.
Notas de un diario.

Súplica-comentario-apelación
Todas o ninguna de las anteriores.

El Cielo-en la tierra-bajo el firmameto.
Ella-eso-ellos
Él-eso-nosotros.

Políticamente incorrecto.

Personal. Subjetivo. Limitado.
Testimonio. Sueño poético.
Ficticio.
Cursi.
Mera propaganda.

Josefina Báez

Canto de plenitud

"Señor, Señor Dios,
Señor Dios, no sé dónde están ninguno de los
miembros de mi familia.
Pero tú si. Eso me reconforta".

Mi madre, Luz María Pérez vda Báez

Soy una ascética urbana,
decidiendo mis promesas de temporadas y
mis búsquedas permanentes.
Una devota urbana
iniciada aquí,
en el mismo centro de Gotham.
Soy una monja.
Una monja no sectaria.
Una monja con beneficios.
Una monja casada con Armonía.
Una monja que baila lo sagrado con
pasos seculares.
Vestida con jeans y camiseta.
Abrazada fuertemente por mi hombre.
Con mi monje. A mi hombre.
De mi monje. Por mi hombre.
Monje. Hombre. Monje. Hombre. Monje.
Por mi hombre…Mi. Mo. A mí. Hombre.
Mi. Yo.
Y.

Y I dentidad. I den ti dad.
I dent i da. Da.
Identidad. Da prioridad al sentimiento.
Al sentimiento que retrata a la nación.

Da.
Identidad. Es esa foto.
Foto. Bandera.
Sentimiento.
Identidad. Da una nación con esa bandera.
Para la foto.
Identidad. Esa bandera es la nación
Identidad.
Mero sentimiento.

Iden tidad. I. Yo.
Innumerables Yo. Yo Yo Yo Yo.
Innumerables I. I I I I.
Griega. Latina.
Y. i.
Individuo. Individual. Imaginación. Identificación.
iEscenifico, iBailo,
iTV, itveo, itele ifon, illamas,
iContesto. I I I. i. Yo Yo Yo.
Y?

De nuevo, nada nuevo bajo el sol.
Nada nuevo bajo la luna.
Dios.
Dioses.
Poetas.
Diosa.
Diosas.
Poetas.
Danzantes.

He llegado a un pensamiento.
Inducido,
deducido,
esclarecido.

O he llegado al momento preciso
en el que las alas agitadas de
una mariposa se detuvieron en
una tierra lejana.
Semilla y flor
de mi propia revolución.
Sin patrocinio. Ni cobertura televisiva.
Semilla y flor.
Mi propia rrrrrrr evolución.
Más sí que no.

Más sí que no.
Sí más que no.
He deseado tanto
escribir estas frases:
Más sí que no. Sí más que no.
Jugar con ellas.
Cantarlas.
Decirlas:
Más sí que no. Sí más que no.
Yo, dueña de muchos sí
y montones de no.
De ninguna manera. No. Nunca.
Negativo. Ene O. No.
No no. Para nada. No. Dije que no.
No. Nu. Nudos. No. Tantos nudos. Sí.
Tantos no…que he bordado un
camino a macramé.
Sí más que no.
Más sí que no.

Más sí que no.
Sí más que no.
Viajo.
Sí. Viajo.

Yo viajo.
Viajo para descubrir más
acerca de mí misma.
Viajo para conocer mi propio ser.
Como cualquier desplazado,
sobreviviendo.
Como cualquier viajero,
sobreviviendo.
Viajo para ver lo mismo
que veo en casa.
Viajo.
Invento viajes.
Viajo. Creo viajes.
Gestiono viajes.
El viaje me inventa.
Me crea y recrea.
El viaje me hace.
Estoy en un viaje.

He visitado paraísos.
Verdaderos paraísos terrenales.
Pero en realidad eran
paraísos porque estaba sólo de visita.
Después de esas visitas,
le concedí a mi vida
una calcomanía que dice:
"Turista en la tierra".
Y continuando con el itinerario
turístico…
Si rasgas la foto a color,
impresa en papel brillante,
sangra…
Pocas personas nacidas en las costas
pueden nadar…
El Cielo inventando
el más allá…

Léelo como purgatorio,
hogar de la mayoría.
Mira los ojos de
la gente sonriente-feliz-fiestera
llena de ira.
Rabia.
Hambre.
Angustia.
Tristeza.
Los países exportan lo que
necesitan.
Santos y sabios.
Trabajadores y amantes.
Los trabajadores son amantes.
Los amantes son trabajadores.
Los países exportan lo que
necesitan.
Profesores y doctores.
Espiritualidad.
Democracia.
Diplomacia.
Artistas y científicos.
Flores y frutas.
Sedas y diamantes.
Plegarias y magia.
Los países exportan lo que
necesitan.
Enseñamos lo que necesitamos
aprender.
Buscamos fuera de lo que
ya tenemos dentro.
En este viaje de…
Estoy en un viaje.
Soy un viaje.

¡Venta especial: Paraíso!
¡El paraíso en venta!
Venta especial.
Especial.
Venta.
Pague menos por el paraíso;
con todas las amenidades posibles.
Himnos nacionales incluidos.
Es imposible relajarse
en el paraíso cuando
eres uno de los supuestos
sonrientes-felices-fiesteros.
Pero, cuando escucho la palabra
tradición,
lo siento mucho pero…
corro al otro lado.
Corro muy muy muy lejos.
Los paraísos terrestres y
sus… tradiciones.

Tengo mi propia tradición.
Sí.
Mía. Mía. Mía.
Si, la tengo.
Sentido. Común.
Lupa y guía del Sentido Común.
Sin ropas de colores vistosos.
Sin códigos ocultos.
Sin héroes ni heroínas.
Magia predecible. Belleza exótica.
Bailes con la riqueza rítmica del pasado.
Sin mapas de exteriores.
Sin fotos en frente de monumentos y detrás de la historia.
Aquí en esta tierra, mi tradición otorga el *Es* y *Está*.
En mi tradición, respirar
es la única expresión

que se debe mantener
viva.
Viva, vida.
Se debe y mantiene.
Viva, vida.
Y tú también puedes testificarlo.
Finge. Finge, si quieres.
Finge. Trata.
Fiiinge. No respires.

Y tus pulmones reaccionarán
automática e inmediatamente.
Si. Así es.
Como diría el anuncio de radio:
"Respiración, ración, ion,
ahora en cartelera en un cine tan y tan cerca de ti…"
que eres tu mismo.
Público-hacedor.
Hacedor-público.
Si no respiraras…tendrías público.
En capilla ardiente.

El viaje.
De viaje.
En un viaje.

El viaje me hace.
Todavía sigo en un viaje.

He estado migrando
desde que nací.
De hecho, nacer desencadena migraciones.
Todo vivo es un migrante.
Migrante. Migra. Migraña.
Migrante migraña.
Migra migraña.

Migración rápidamente envolvió
toda mi existencia.
Migro. Mudo.
Transcurro de segundos a
minutos a horas a días a
semanas a meses a años
y años y años.
Migrando cada día.
Del día a la noche.
De la noche al día.
He llegado a muchos lugares.
De muchos lugares
he salido.
El Cielo, el purgatorio o la tierra,
Todos hacen las mismas preguntas…
¿De dónde eres?
No reconozco tu acento.
¿De dónde es que eres?
¿De dónde es que tú eres?
¿Y eso dónde queda?
Ahhh ese nombre me suena
tan lindo-tan chévere-tan chulo-
tan exótico-tan extraño-
tan diferente a nosotros.
El Cielo, el purgatorio o la tierra,
Todos hacen las mismas preguntas…
¿De dónde eres?
¿Cuándo te vas?
¿A dónde vas?
Como si un 'lugar' fuera
el todo.
Y si te digo que
yo soy ESE lugar.
Ese lugar a-hacia-de-desde-en-entre-hacia-para-por.
Yo soy esa que yo soy.
Yo soy la que yo soy.

Soy lo que soy.
Quien soy.
Soy.

Tengo un amigo que tiene
la colección completa de Rumi:
Cada verso publicado, grabado,
filmado, documentado.
Puede hasta recitar muchos
de los poemas en el idioma
original y en los que han sido traducidos.
Incluso el segundo nombre de su hijo es Rumi.
Pero no se percata de nuestro Rumi.
Nuestro Rumi mendigo.
Rumi, el nuestro, vive ahí en la esquina.
Él, nuestro Rumi, habla en rapsodias
y sonatas.
Esa es la música de su desamparo.
Se balancea en todo lo que encuentra en el tren.
Hace piruetas circulares y maromas como bucles.
Baila.
Así busca y muestra su trance.
Baila.
También como un derviche.
Baila.
También borracho.
Baila.
En su camino con y hacia Dios.
Baila.

Nunca sabré lo que en verdad piensa,
sabe o siente el otro.
Y viceversa.
Siempre viceversa.
Vice versa.
Versa vice. Vice. Vicio. Versa.

Entonces, saber es parcialmente inútil,
cuando hablamos de sentimientos.
¿Qué dices?
¿Qué crees?

Quizas también tenga ese
crayón morado.
Como Harold.
O simplemente abrí la
puerta con el rotulo 'Potencialidad'.
Tan pronto la materialicé,
recibí una segunda oportunidad
en todas las decisiones que he tomado.
Sorprendentemente,
en la segunda oportunidad,
tomé las mismas decisiones.
Ahora, sin duda alguna, no
tengo una onza de remordimiento.
Esta instancia sudó
todos los males ligados a cualquier
'pudo o debió haber sido'.
Al fin, identifico el *ESO* en todo.
La fibra *ES.*
Entonces, el convento, la calle,
la iglesia, la fiesta,
el ashram y mi casa
son todos iguales.
No hay necesidad de ir a ninguna parte.
Todo está en todas partes.
Todo *ES* siempre.
El tiempo incluye todos los tiempos.
Especialmente hoy, ahora, aquí,
cuando soy mi mejor compañía.

Todas las divisiones demostraron ser
limitadas. Este y Oeste,

con su bendición violenta
y opulencia decadente.
Norte y Sur,
rey y sirviente.
El llamado primer,
Segundo o Tercer mundo,
intoxicante,
carente de vínculos y
desposeído de derechos.
Y la angustia por el abuso
y sobredosis del
usa-reusa-reduce-recicla.
El único derecho natural heredado
aquí, en la tangente, es
la habilidad de expresar tu
desacuerdo.
Aunque expresarlo no significa
un acercamiento hacia un diálogo decente.
Y menos aún, a una solución.
Pero al menos puedes evitar
ser embaucado por otros
marginales o por los dueños
de la circunferencia.
Lo sabes.
Y ellos saben que
lo sabes.

Pero en realidad, mi híper-individualismo
comenzó a partir de vivir en colectivo.
De igual forma, mis batallas se crearon
a partir de enseñanzas sagradas.
¿Blasfemo? ¿Sacrílego?
¿Profano? ¿Ofensivo?
No, imagínate que…
mis palabras,
susurros inauditos,

ni siquiera ahuyentan a un mosquito.

Los universos continúan desdoblándose
a mi alrededor.
A mi vista. Ahí se forjan. Ahí se co-crean.
Ahí …en frente mío, se crean universos.
Hay uno en particular
en el que todo es como lo deseo;
como lo anhelo.
No es un estado de leche condensada, jarabe de arce y
melaza
sobre miel con azúcar morena rociada por encima.
No.
La conciencia es el gatillo
para alcanzar, con total seguridad,
este espléndido espacio.
Entrega es el sustantivo, hecho verbo,
utilizado.

Una mirada al océano se
esfumó en asombro.
El asombro creo el rocío.
Y soy la gota más diminuta.
Yo como parte del vaho.
Rocío.
Yo rocío.
La gotita más pequeña del rocío.
Vaho yo. Yo vaho.
Eso es lo de menos. Vaho. Va.
El vaho lo hizo. Va. Si.
Rocío. ¿Viene o va?
Va.

Lo que hago en los extremos,
en el dolor o en el placer,
te dice matemáticamente

mi nivel de ecuanimidad.

Pensé que lo que más duraba era más
verdadero.
Pero el tiempo, hasta donde sabemos,
no puede medir la verdad.
El tiempo en sí es limitado.

La realidad es constante.
La realidad es lo que es constante.
Lo que es constante,
es la Realidad.
Entonces, sólo mi alma vive en realidad.

Toda. Toda.
Toda rutina es mi ritual.
Y potencialidad pura...
mi religión.

Una verdad.
Una.
Al menos una.
Cuenta con mis contradicciones.

Al fin y al cabo, ¿Qué es lo que verifica la vida?
Al fin y al cabo, ¿Hacia dónde se dirige
el baile de la vida?
¿Una coreografía divina por el bien
del momento?
¿Arte por el arte?
Vaya usted a saber.

Los domingos tienen su propio ritmo.
No importa en qué lugar del planeta
estés.
Los domingos no tienen pasaportes,

visas, banderas. Ni comportamientos
específicos.
El idioma dominical
es
hablado
a nivel mundial.
A nivel del cosmos.
Comprendido.
Entendido.
Y nadie es un experto en domingos.
Cuando sea grande,
quiero ser un domingo.

La entrega es mi única virtud.
Y residir en ella,
derretida.
mi vicio letal.

Yo, en plena incertidumbre.
Genial.

…Habla montones.
Habla profundo.
El silencio habla profundo.

"Antes del sueño verdadero.
Antes del sueño predicho.
Antes del sueño duradero:
El hombre que babeaba".
Un título.

Te acabo de ver en mis sueños.
Y viví la noche intensamente.
Te tuve en mis sueños.
Estabas…
En mis sueños.

¿Qué pasa ahora cuando
mi almohada es sólo una decoración
en la invitación a la noche?
¿A dónde te has ido
amante mío?
¿En dónde te encuentras?
¿En dónde creas tu
presente ahora?
¿En otro sueño?
¿En otra vida que rápidamente
desaparece?
¿En otra almohada cubierta de
estampados?
¿Estampados con muchas flores
o muchas líneas?
Mi corazón, querido mío, está inmóvil.
Inmóvil como en ese preciso
momento antes de
borrar tu número.
Cuando verdaderamente conocía tu número.
Y te permití hacerme
ese numerito, querido.
Sabías la alquimia de mi
presente.
Eso decías.
Y pensé que en realidad lo sabías.
Lo decías.
¿Es el conocimiento una constante?
La sabiduría lo es.
¿Cuenta cuando
momentáneamente olvidas?
¿O cuando las prioridades cambian?
En todo caso...fue sólo un sueño.
Ni tus sueños ni
tu saliva están presentes en
mis almohadas.

Que gran dicha,
saber que la vida sucede,
independientemente de cualquier compañía.
En todo caso, siempre hay
presencia en la ausencia.

Te vi.
Te vi en el atardecer.
Te vi.
Te vi como un atardecer.

"El verdadero sueño".
Otro título.

Entrecruzándome en la vida,
me entrecrucé con un amor.
Un amor de los 'Había una vez… Alguna vez, por siempre'.
Un sueño de amor.
Un sueño amoroso.
El hombre de mi sueño.
Un sueño.
Fue anunciado en
detalles minúsculos.
Vidas pasadas y presentes;
gustos y disgustos;
poemas favoritos; comida favorita,
principio, intermedio y final.
Cabezas, Caricias, Corazones y
Caderas en sincronía.
Y sabes que esa es
la definición más concreta
del A M O R.
El síndrome C.

El efecto C.
Cabeza-caricias-caderas y
corazón en sincronía.
Debería comenzar en el final.
Ahora que no hay nostalgia.
El banquete de despedida incluyó
alcachofas y granadas.
Miel y almendras.
Higos y dátiles.
Flores de jazmín y rosas.
Él se fue.
¿O me fui yo?
Nos distanciamos mucho después de que
nuestro tiempo se había acabado.
Obviamos la fecha de expiración.
Él fue una de mis bendiciones.
Las otras noventa y nueve fueron
detenidas hasta que su gracia
habitó cada uno de mis poros.
Y su plenitud fue escrita
permanentemente
en todo mi ser.
Mira. Su amor tatuado aquí.
Mira. El tatuaje de mi amor.
En el cénit de nuestro amor
nos separamos.
Las noventa y nueve bendiciones
llovieron.
Trece años del más
completo-honesto amor
fue predicho.
Vivido. Vivo. Vida. Vivida.
…la poesía, el voto.
Honestidad requerida en todas las acciones.
Silencio y palabras tuvieron
el mismo peso

que abrazos y besos.
Dos personas diferentes
soñaron el mismo sueño,
al mismo tiempo,
en la misma cama.
Lo vivimos.
Este sueño, nos vivió.
Este sueño…
Fue el presagio delineando
la despedida.
Privacidad cerrada. Extrema.
Nuestro amor era sólo para nosotros.
Sólo por tiempo limitado.
El astrólogo que predijo
su llegada, me escribió una carta
acerca de su partida.
¿O mi partida?
Un amante deshonesto por
el resto de tu vida o
el amante más íntegro,
absolutamente honesto,
por trece años.
Sin nada de duda. No es necesario esperar
la luna nueva para decidir.
En ese momento le dije.
En este momento escribo,
dame esos trece años del
más honesto amor.

El día que lo conocí me preguntó
si me podía casar con él ese día.
Le dije que no.
Que no tenía tiempo pero que podía
apretujar el casamiento en mi agenda en tres días.
Trato hecho.
¿El apretujón?

¡El matrimonio y el
apretujón!
Nos casamos
a los tres días.
Nos apretujamos también.

Alcachofas y granadas
para el banquete matrimonial.
Almíbar de dátiles y pétalos de rosa
crearon las bebidas.
Baladas, del erudito John Coltrane,
en repetición continua,
adornaron los silencios.

Empapados de flores de jazmín.
En flores de jazmín.
Diez y seis cayenas en mis caderas.
Una cayena en su pecho.
Los girasoles eran las ventanas,
de ese espacio sin paredes.
Formulamos un contrato de amor:
Honestidad por encima de todo
Contacto físico diario
Amar más que comer
Comer más que pelear.
Sonrisas y risas por montones.
Por favor no hables en tu
idioma cuando estoy enojada.
Porque inmediatamente
olvidaré mis razones con
tu canción.
Secundo esa moción.
Nadie es bienvenido en nuestra
casa-en nuestra cama-en nuestras
vacaciones-en nuestra poesía.
Mis libros son mis libros.

Los puedes leer.
Y viceversa.
Mi música es mi música…

Sueños placenteros me despiertan
con poesía precisa.
Semillitas de granada esparcidas
y dejando huellas
en el torso de mi amante.
Esta es mi religión.
La oración me desviste. La oración lo desviste.
Esta es nuestra religión.

En este había una vez…
no había una rana,
ni un príncipe.
Sino un hombre.
Un hombre de verdades.
De transparencia.
Júbilo.
Un amante de amor.
Mi amor.
Tu amor.
Él es tu compañía en el
cotidiano.
El tiempo antes o después de la
euforia de la celebración.
El tiempo antes o después de
partidas y lágrimas.
Vida. Tiempo.
De por vida.
Vida.

Se fue…
¿O me fui?

Uno no puede tener todas las bendiciones
al mismo tiempo.
Una de las mejores opciones
siempre será el decidir concientemente
lo que uno carecerá.

Yo decidí.

Tengo más preguntas
que respuestas.
Dudando sin ser
insegura.
Madurando con risas.
Acercándome a mi propia
muerte con los brazos abiertos.
La prioridad es sólo un orden,
no una urgencia.
No sigo ningún consejo de celebridades.
No imito ninguna moda de televisión.

Así yo,
Nosotros,
continuamos...

Corrí hasta el final
del mundo.
Llegué al lugar en donde el tiempo comienza
termina-comienza-termina.
Y ¿Adivina a quién me encontré?
A mí.
Si, a mí.
A mí, a mí, a mí.
A mí en el umbral del
horizonte.
Origen de sucesos.

Origen y fin.
Versica lo explica mejor.

La Luna Nueva de hoy
destila plenitud
en el alba.
La Luna Nueva de hoy me despertó
con una canción.
La canción fue cantada por muchos.
Muchos fuimos sanados... por una canción.
Una canción política.
Una canción de políticas particulares.
De la política de las alcachofas.
Si, alcachofas.
Más allá de la derecha, la izquierda o el centro.
La política de la alcachofa:
Muchas hojas en el mismo tallo.
Total devoción solo a una hoja-pétalo.
Toda atención a solo una a la vez.
Y siempre cuentas con un
corazón exquisito.
El partido de la alcachofa es mi
partido preferido.
Partido político de lo exquisito.
Política de las alcachofas.

Querido Camarada Plenitud.
Camarada Plenitud.
Plenitud.
Plenitud
Camarada.
Querido.
Querido Camarada Plenitud
El último verano pasé frío
Camarada.

Querido.
Camarada Plenitud,
¿has bailado desnudo?
Supongo que siempre bailas desnudo.
Tu ERES plenitud.
Tu baile te viste de ti.
Te abotonó y te subió la cremallera.
Camarada Plenitud,
vi un bar topless con tu nombre.
Promocionaban Happy Hours.
Por supuesto…Happy Hours
en la Casa de Plenitud.
Nada menos que Happy Hours.
Topless topmenos
topmás.
Top Plenitud.
Plenitud al tope.
Plenitud.

Estimada…
Suya.
Sinceramente…

Camarada,

La pregunta de la que no
quiero respuesta alguna,
la hago en silencio.
Bailes que no quiero que
otros bailen,
los bailo en soledad.

Esta noche voy a leer un
libro que no utiliza
ningún asterisco.

Antes de que el silencio se afianzara,
un sonido monosílabo fue
secreteado.
Ya estabas en silencio.
Yo seguía ahogándome en palabras.
No pude evitar sonreír.
Sonreírme a mí misma.
De mí misma.
Reírme conmigo misma.
Y llorar por mí.
Recuerdo el silencio
provocado por el miedo.
Silencio de ignorancia.
Silencio por omisión.
Silencio por violencia.
Silencio por ira.
Silencio cuando la memoria
negó el acceso.
Silencio cuando un simple resfriado
envolvió complicadamente mis cuerdas.
Silencio seleccionado como
mi propia elección.
Silencio.
Silencio.
Muchos silencios.
Complicidad.
No comprometida.
Intacta.
Indiferente.
Todo tenía silencios.
Y yo tenía todos esos silencios.
Viniste con palabras
que no escuché.
Que no pronunciaste.
Silencio en medio de

todos los ruidos.
Silencio o el comienzo
del sonido…
Tú te silenciaste.
Tú lo silenciaste.
Tú   silencioso.
Silencio. Tú.
Silente. Tú.
Silencio.
No pude evitar amarte.
Adorarte.
O aprender tu forma de amar.
Amor verdadero.
Amor constante.
En silencio.

En silencio somos uno.
Uno es en silencio unicidad.
Uno es.
Es en.
En silencio.
Silenciosa Unicidad.
Unicidad.

Uno es
es uno
uno es
es en
en es
es en
en silencio
silencio en
silenciosa unicidad.
unicidad silenciosa
silenciosa unicidad.

Uno es en silencio unicidad.

Es tan cierto, en el preciso
momento de amor, hay
silencio.
Amor en silencio.
Amar en silencio.
Silencio en amor.
Silencioso amor.
Amor silencioso.
Amando en silencio.
En silencio...amor.

Y en silencio estamos solos.
Solos
juntos
también.
La soledad viste al silencio.
Y viceversa.
Al silencio la soledad viste.
Versavice. Vice-versa.
Siempre viceversa.

Nunca quiero perder mi silencio.
Nunca.

Las palabras interfieren.
Especialmente al hablar
acerca del silencio.
Obvio.

Tantas veces he dicho
que fue mi conciencia
la que habló; que mi conciencia
me llevó a decidir esto o lo otro.
Pero mi conciencia reacciona

con silencio y quietud a todo.
A todo ella reacciona con silencio.
Silencio inmaculado.
Prístino.
Silencio lleno de todos los
sonidos…lleno de inmovilidad.
De quietud.
Quietud llena de todos los movimientos.

¿Escuchaba voces en aquel entonces?
Sí.
Escuché voces antes de conocer el
Silencio.
…del Silencio voy a…a…a…
mi voz.
Mi voz está llena de silencios.

Caminando de la mano contigo,
Silencio…
los que insisten en solo ver lo ordinario,
ni siquiera te perciben.
Esa es la única razón
por la que me llaman la
viuda en silencio.
La viuda de Silencio.
Y las almas de todas las viudas
bailan el epítome del silencio.
Almas en un solo diálogo.
Diálogo único.
De silencio a silencio.

En el silencio encontré…
más silencio.

Silencio…
Es difícil describir nuestro vínculo.

Plenitud es lo más cercano.

El silencio es el arte por excelencia.
Culminante.
De excelencia.
Es el arte máximo.
Cúspide.
Máximo exponente de mi artesanía.
En mi artesanía.
El corazón de mi artesanía.
El silencio es la artesanía del corazón.
Si,
artesanía...
silencio.

Mis palabras se han vuelto
más sabias que mis acciones.
La única forma de balancear
este triste asunto,
Sí,
te escucho.
Silencio.

Josefina Báez (La Romana, República Dominicana/Nueva York). Escritora, performera, educadora, devota, directora de teatro. Fundadora y directora del teatro Ay Ombe (abril 1986). Creadora de Performance Autology©-proceso creativo basado en la autobiografía: para los mundos internos y externos del hacedor.

Marcela Reales Visbal. (Barranquilla, Colombia). Estudiante de doctorado con énfasis en estudios hispánicos en *University of Georgia*, Athens, GA. Sus intereses abarcan la representación y relación entre el hombre, la naturaleza y la literatura en Latinoamérica. Artista visual. Alma playera. Y sobre todo, ávida aprendiz.

www.ingramcontent.com/pod-product-compliance
Lightning Source LLC
Chambersburg PA
CBHW072057040426
42447CB00012BB/3156